February 21, 1995

Welcome to

Alexandra.

اقرارِ تعاون
مصنف اور اشاعت کرنے والے مندرجہ ذیل لوگوں کے بیحد شکرگزار ہیں :
سپرنگ ہل کاؤنٹی پرائمری سکول - ایکرنگٹن کے اساتذہ اور شاگرد ۔ مسٹر اور مسز سٹن اور ان کا بیٹا مائیکل ۔ مسٹر اور مسز علی اور ان کی بیٹی صائقہ - ان سب کی مدد اور تعاون کے بغیر اس کتاب کا چھپنا ممکن نہیں ہوتا -

ترجمہ - محمد خان
غیر زبان کی کتابت کی منتظم - جینی انگم
اردو کی کتابت : محمد منظور احمد دہلوی

**Acknowledgments**

The authors and publisher would like to thank the staff and pupils of Spring Hill County Primary School, Accrington, Mr and Mrs Sutton and their son Michael, and Mr and Mrs Ali and their daughter Saiqa, without whose help and cooperation this book would not have been possible.

Translation by Mohammed Khan
Foreign language typesetting arranged by Jennie Ingham

Scarsbrook, Ailsa
First day at school: in Urdu and English.
1. School children–Great Britain–
Juvenile literature
I. Title   II. Scarsbrook, Alan
372.18'0941   LA633

ISBN 0–7136–2878–2

A & C Black (Publishers) Limited
35 Bedford Row, London WC1R 4JH


First Published 1987, reprinted 1988

English text filmset by August Filmsetting, Haydock, St Helens
Urdu text filmset by Interlingua TTI Ltd, London
Printed in Hong Kong

# اسکول میں پہلا دِن

# First day at school

ایلسا اور آیلن اسکاربروک
Ailsa and Alan Scarsbrook

A & C Black · London

یہ صائقہ ہے

This is Saiqa.

یہ مائیکل ہے

This is Michael.

ان دونوں کی عمریں تقریباً پانچ برس ہیں -
یہ کہانی ان کے اسکول میں پہلے دن کے متعلق ہے -

They are both nearly five years old.
This is the story of their first day at school.

صائقہ کے ابا اسے نو بجے اسکول لے گئے۔
اس کی امی گھر میں چھوٹی بچی کو کھانا کھلانے میں مصروف تھیں۔
صائقہ نے اپنے ابا کا ہاتھ مضبوطی سے پکڑ رکھا تھا۔ اسے امید تھی کہ اس کی سہیلی فرزانہ
بھی اسکول میں ہوگی۔

Saiqa's daddy took her to school at nine o'clock.
Her mummy was busy at home feeding the baby.
Saiqa held tight to her daddy's hand. She hoped
that her friend Farzana would be at school too.

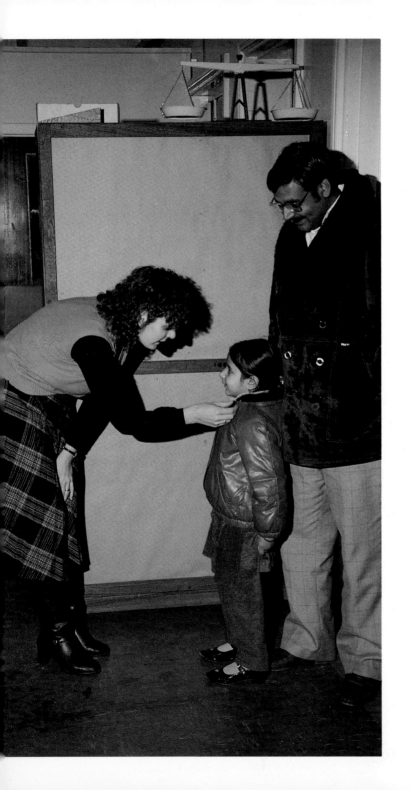

ایک استانی ان سے اسکول کے دروازے پر
ملیں۔ انہوں نے کوٹ اتارنے میں صائقہ کی
مدد کی۔

"ہیلو صائقہ" ۔ انہوں نے کہا
"میرا نام مسز بولڈون ہے۔ کیا یہ خوبصورت
لال قمیص شلوار تمہاری امی نے بنائی ہے؟"
صائقہ کے ابا نے کہا کہ گھر جانے کے وقت وہ
آ کر اسے لے جائیں گے۔

A teacher met them at the door of the school. She helped Saiqa to undo her coat.

'Hello Saiqa,' she said. 'My name is Mrs Baldwin. Did your mummy make your nice red kamiz and shalwar?' Saiqa's daddy said that he would come and fetch her when it was time to go home.

مائیکل اپنی امی کے ساتھ اسکول آیا۔

"ہیلو مائیکل" ۔ مسز بولڈون نے کہا۔ ان کو
مائیکل کا فلیش گورڈن سوئیٹر بہت پسند آیا۔
مائیکل کی امی نے پوچھا کہ کیا وہ کھانے کے لئے
اسکول میں رُک سکتا ہے ؟ انھوں نے بعد میں
آکر اسے لے جانے کا وعدہ کیا۔

Michael came to school with his mummy.

'Hello Michael,' said Mrs Baldwin. She liked Michael's Flash Gordon sweater. Michael's mummy asked if he could stay at school for dinner. She promised to come and fetch him later on.

مسز بولڈون نے مائیکل اور صائقہ کو کوٹ ٹانگنے کی جگہ بتائی۔ انھوں نے کہا کہ ہر
ایک کی اپنی کھونٹی ہے۔

Mrs Baldwin showed Michael and Saiqa where to hang
their coats. She said that everyone had their own peg.

مائیکل کے کوٹ کی کھونٹی کے نیچے لال ٹوپی پہنے ایک مسخرے کی تصویر تھی۔

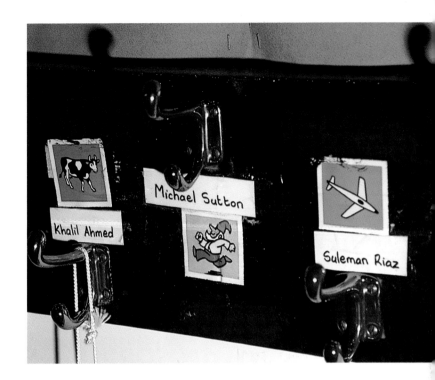

Under the peg for Michael's coat there was a picture of a funny man with a red cap.

صائقہ کی کھونٹی کے اوپر ایک لال پھول کی تصویر تھی۔

Over Saiqa's peg there was a picture of a red flower.

7

مائیکل ریت سے کھیلنا چاہتا تھا۔ اس نے اپنی
بالٹی کو ڈھیر ساری ریت سے بھرا۔ وہ بہت
بھاری ہوگئی ، اس لئے اس نے اسے دوبارہ
الٹ دیا۔

Michael wanted to play
with the sand. He filled up
his bucket with lots of
sand. It got very heavy, so
he tipped it all out again.

صائقہ اور صفین پانی سے کھیلنے کے لئے گئیں۔ مسز بولڈون نے دونوں کو ایک ایک
ایپرن دیا تاکہ وہ بھیگیں نہیں۔

صفین نے اپنے ہاتھوں میں صابن کے بلبلوں کو پکڑنے کی کوشش کی جب کہ صائقہ
نے پانی میں چھپکے مارنا پسند کیا۔

Saiqa and Safeen went to play with the water.
Mrs Buldwin gave them each an apron so that they wouldn't get wet.

Safeen tried to catch the soap bubbles in her hands, but Saiqa wanted to make the water splash.

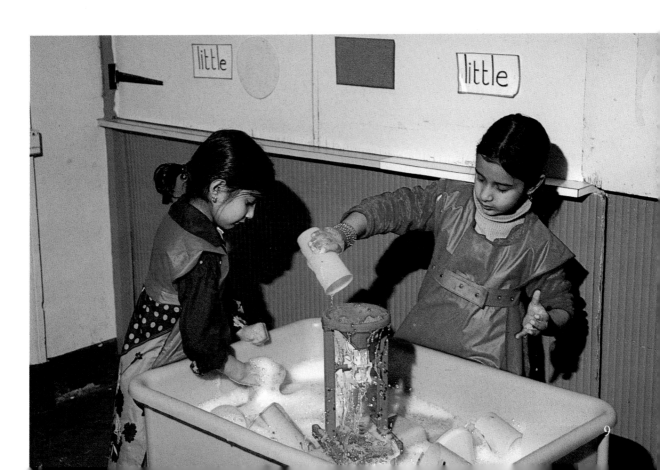

پھر سب کے لئے وہ وقت آیا کہ میز پر بیٹھ کر دُودھ پئیں

Then it was time for everyone to sit down at the
tables and drink their milk.

مسز بولڈون نے کہا کہ اب کھیل کا وقت ہے، اس لئے تمام بچے اپنے اپنے
کوٹ پہن کر باہر کھیل کے میدان میں چلے گئے۔ مسز بولڈون بھی باہر گئیں۔ کچھ
بچے ان کا ہاتھ تھامنا چاہتے تھے اور کچھ اِدھر اُدھر بھاگنا چاہتے تھے۔

Mrs Baldwin said that it was playtime, so everybody put on their coats and went out into the playground. Mrs Baldwin went out too. Some children wanted to hold her hand and some wanted to run around on their own.

کھیل کا وقت جب ختم ہوا تو بچے کلاس روم میں واپس چلے گئے۔ صائقہ نے کیرن کو تصویر میں رنگ بھرتے دیکھا ۔ اس نے طے کیا کہ وہ بھی ایک تصویر میں رنگ بھرے گی ۔ اس لئے اس نے اپنی امی کی رنگین تصویر بنائی۔

When playtime was finished, the children went back into the classroom. Saiqa watched Karen painting a picture. She decided that she would like to paint one too, so she painted a picture of her mummy.

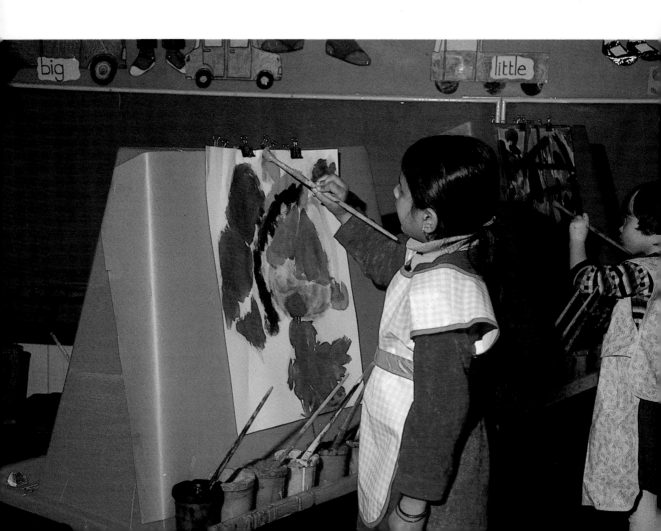

مائیکل اور کچھ اور لڑکے بڑے بلڈنگ بلاکس سے کھیلنے چلے گئے۔ وہ اور واجد دونوں پُل بنانا چاہتے تھے۔ لیکن مائیکل کا پُل سب سے بڑا تھا۔

Michael and some other boys went to play with the big building blocks. He and Wajid both wanted to build bridges. But Michael's was the biggest.

مسز احمد استانی کی مدد کے لئے آئی تھیں۔ انہوں نے صائقہ اور صفین کو سکول
کے پالتو جانور ایک امریکی چوہے رولینڈ کے بارے میں بتایا۔

مسز احمد پنجابی بول سکتی تھیں وہ زبان جو کہ صائقہ اور صفین گھر پر بولتی تھیں۔
انہوں نے کہا کہ وہ ان باتوں کو سمجھانے میں مدد کریں گی جو کہ وہ اور دوسرے
بچے سمجھ نہ پائیں۔

Mrs Ahmed had come to help the teacher. She told Saiqa and Safeen about the school pet, a guinea pig called Roland.

Mrs Ahmed could speak Punjabi, the language which Saiqa and Safeen spoke at home. She said that she would help if there was anything which they or the other children didn't understand.

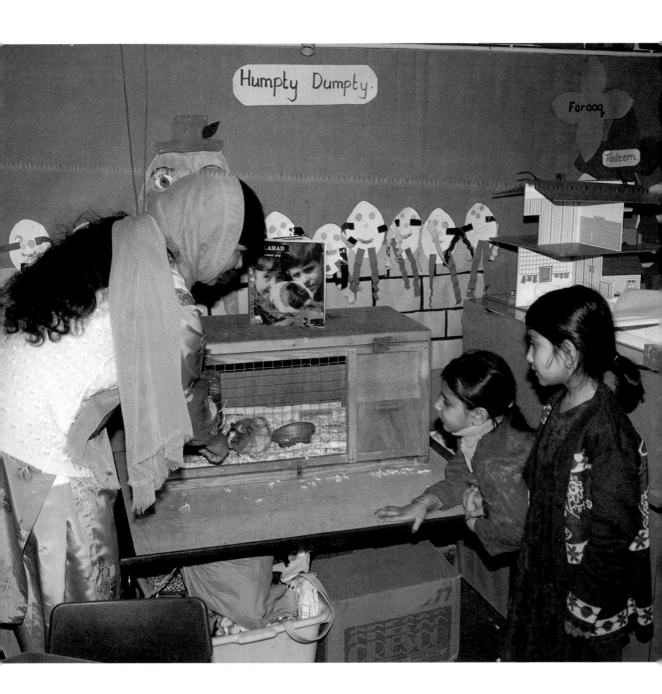

Humpty Dumpty.
Farooq
Tasleem.

ڈنر سے پہلے مسز بولڈون نے کہا کہ ہر
ایک ٹائلٹ جاکر اپنے ہاتھ دھوئے اور
کاغذ کے تولئے سے ان کو خشک کرے۔
انہوں نے لڑکیوں کی نگرانی کی اور ڈنر لیڈی
مسز کرونشو نے لڑکوں کی نگرانی کی۔

Before dinner, Mrs
Baldwin said that
everyone should go to the
toilet and then wash their
hands and dry them on a
paper towel. She looked
after the girls and
Mrs Cronshaw, the
dinner lady, looked
after the boys.

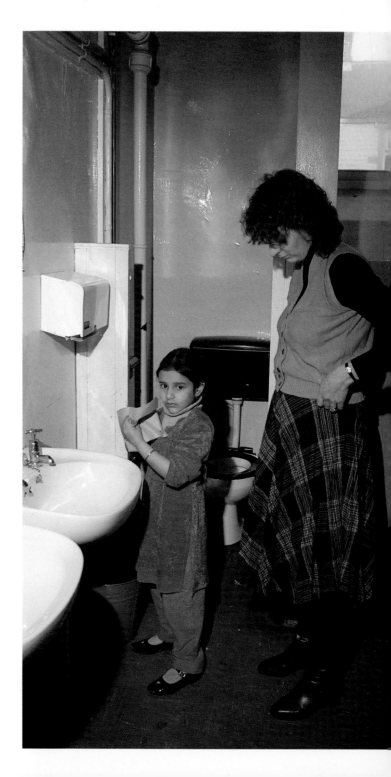

مائیکل اور صائقہ ہال میں ایک میز کے آگے بیٹھ گئے اور مسز کرونشو کھانا لے کر آئیں۔
انہوں نے فِش فنگر، چِپس اور مٹر کھائے جو کہ مائیکل کے پسندیدہ کھانوں میں سے
ایک تھا۔

Michael and Saiqa sat at a table in the hall and Mrs Cronshaw brought round the dinners. They had fish fingers, chips and peas, one of Michael's favourite dinners.

اس کے بعد مسز کرونشو ہر ایک کے لئے ایک بڑا بسکٹ لائیں . . .

 Then Mrs Cronshaw brought everyone a big biscuit . . .

. . . اوران کے گلاسوں کو اسٹرابری ملک
شیک سے بھر دیا۔

. . . and filled their glasses
with strawberry milkshake.

ڈنر کھانے کے بعد ہر ایک کھیلنے کے لئے باہر چلا گیا۔
صائقہ بہت خوش تھی کیونکہ فرزانہ اسے ڈھونڈنے
کے لئے کھیل کے میدان میں آئی۔ وہ گول گول بھاگتی
رہیں جب کہ صفین کھڑی ان پہ ہنستی رہی۔

After dinner everyone went
outside to play. Saiqa was very
happy because Farzana came to
find her in the playground. They
ran round and round, while
20 Safeen stood and laughed at them.

مائیکل اور واجد کھیل کے میدان میں ایک دوسرے کے پیچھے بھاگتے رہے۔ اور کریگ
سے جو کہ دوسری سمت میں بھاگ رہا تھا جا ٹکرائے۔

Michael and Wajid went chasing round the playground
and bumped into Craig who was running the other way.

اس کے بعد دوبارہ اندر جانے کا وقت ہو گیا۔ کریگ نے مائیکل کو بتایا کہ جانوروں کے کھلونوں کو کس طرح ٹکڑوں میں توڑا جائے۔ اس کے بعد انہوں نے انہیں دوبارہ جوڑنے کی کوشش کی۔

Then it was time to go back inside. Craig showed Michael how to take the toy animals to pieces. Then they tried to put them back together.

فرزانہ اور نگینہ لیگو کی تعمیر کر رہی تھیں۔ صائقہ اور اس کے بھائی کے پاس گھر پر کچھ لیگو تھے۔ اس لئے صائقہ نے طے کیا کہ وہ بھی شامل ہو کر ایک بڑا مینار بنائے۔

Farzana and Nagina were building with Lego.
Saiqa and her brother had some Lego at home.
So Saiqa decided to join in and build a big tower.

تین بجے مسز بولڈون نے کہا کہ بچے جلدی جلدی چیزیں سلیقے سے رکھ دیں اور قالین پر بیٹھ جائیں۔
انہوں نے ان کو ایک کتاب دکھائی جس میں جانوروں کی بہت سی تصویریں تھیں۔ ہر ایک نے
جانوروں کے نام بتانے کی کوشش کی۔

At three o'clock, Mrs Baldwin said that the children
should tidy up quickly and sit down on the carpet.
She showed them a book with lots of pictures of
24  animals in it. Everyone tried to guess the animals' names.

اس کے بعد تمام بچوں کے کوٹ پہن کر گھر جانے
کے لئے تیار ہونے کا وقت ہوگیا۔

گھر جاتے ہوئے صائقہ نے راستے میں اپنے ابا کو
بتایا کہ اسے اور صفین کو پانی سے کھیلنے میں کتنا
مزہ آیا۔

مائیکل نے اپنی امی کو بتایا کہ اسے کھانے میں
فش فنگر اور چپس کتنے پسند آئے۔

دونوں کے پاس اسکول میں اپنے پہلے دن کے
بارے میں بتانے کو بہت سی باتیں تھیں۔

Then it was time for all the children to put on their coats and get ready to go home.

On the way home, Saiqa told her daddy what fun she and Safeen had playing with the water.

Michael told his mummy how much he liked the fish fingers and chips for dinner.

They both had lots to talk about after their first day at school.